# CATALOGUE

# DE LIVRES

## ANCIENS ET MODERNES

## DE LITTÉRATURE ET D'HISTOIRE

OUVRAGES SUR LE XVIe SIÈCLE

**Composant la bibliothèque de M. Georges GUIFFREY**

DONT LA VENTE APRÈS DÉCÈS AURA LIEU

**Les 12, 13 et 14 Novembre 1888**

A DEUX HEURES TRÈS PRÉCISES

HOTEL DES COMMISSAIRES-PRISEURS, RUE DROUOT

SALLE N° 5

Par le ministère de Me **ESCRIBE**, Commissaire-Priseur,
6, rue de Hanovre, 6.



PARIS

JULES MARTIN, libraire-expert

19, BOULEVARD HAUSSMANN, 19

1888

CATALOGUE

# DE LIVRES

ANCIENS ET MODERNES

# CATALOGUE

# DE LIVRES

ANCIENS ET MODERNES

## DE LITTÉRATURE ET D'HISTOIRE

OUVRAGES SUR LE XVI$^{e}$ SIÈCLE

Composant la bibliothèque de M. Georges GUIFFREY

DONT LA VENTE APRÈS DÉCÈS AURA LIEU

Les 12, 13 et 14 Novembre 1888

A DEUX HEURES TRÈS PRÉCISES

HOTEL DES COMMISSAIRES-PRISEURS, RUE DROUOT

SALLE N° 5

Par le ministère de M$^{e}$ **ESCRIBE**, Commissaire-Priseur,

6, rue du Hanovre, 6.

PARIS

JULES MARTIN, libraire-expert

19, BOULEVARD HAUSSMANN, 19

1888

## ORDRE DES VACATIONS

1re vacation. — Le 12 novembre. — Nos 1 à 189

2e vacation. — Le 13 novembre. — Nos 190 à 373

3e vacation. — Le 14 novembre. — Nos 374 à 488 et Livres en lots.

---

## CONDITIONS DE LA VENTE

La vente est faite au comptant. Les acquéreurs payeront cinq pour cent en sus des enchères.

Les livres sont garantis complets et en bon état, sauf indication contraire ; l'Exposition publique, chaque jour de vente, de une heure à deux heures, permettant de se rendre compte de l'état des livres, ils ne seront admis à rapport que s'ils sont incomplets de feuillets ou portions de feuillets enlevant du texte.

# CATALOGUE

DE

# LIVRES ANCIENS ET MODERNES

---

## THÉOLOGIE — HISTOIRE RELIGIEUSE

1. Sainte Bible, en latin et en français, avec des notes par Dom Calmet et l'abbé de Vence. *Paris*, 1820, 25 vol. in-8, d.-rel., n. rog.

2. Livre d'heures. Manuscrit du quinzième siècle, sur parchemin. In-8, v., reliure à compartiments du seizième siècle. (Incomplet et rel. délabrée.)

3. Oliverii Maillardi Sermones. *Parisiis*, *Jehan Petit,* 1508. 7 parties en 2 vol. pet. in-8, v.

4. Novum insigneque opusculum pro Christi verbum evangelizatibus moralizatum Roberti Olchot. *Parisiis*, 1513, in-16, goth., cart.

5. Opus sermonum de adventu Joannis Raulini ordinis Cluniacensis. *Lugduni*, *J. Clein*, 1519, in-8, goth., d.-rel. parch.

6. Modus confitendi sive generalis confessio edita per Andream hyspanum. *Lugduni*, *per Claudium Nourry*, 1524, in-16, goth., cart.

7. Pensées, Fragments et Lettres de Blaise Pascal, publiés par Faugère. *Paris*, 1844, 2 vol. in-8, d.-rel. chag., n. rog. *Portr.*

8. Pensées de Pascal, publiées par E. Havet. *Paris*, 1852, in-8, d.-rel. chag. *Lettre autog. de M. E. Havet.*

9. Les Pensées de Blaise Pascal, avec notes par A. Molinier. *Paris*, *Lemerre*, 1877, 2 vol. in-8, br. *Portr.*

   Papier de Hollande numéroté.

10. Œuvres de Blaise Pascal. *Paris*, *Lefèvre*, 1819, 5 vol. in-8, d.-rel. v. fau., n. rog. *Portr.*

11. Œuvres de Fénelon. *Versailles*, *Lebel*, 1820, 27 vol. — Correspondance. *Paris*, *Ferra*, 1827, 11 vol. Ens. 38 vol. in-8, d.-rel. veau fauve. *Portr.* (*Bauzonnet*).

12. Œuvres de Bossuet. *Versailles*, *Lebel*, 1816, 47 vol. in-8, veau fauve, fil.

13. Le Christianisme et ses Origines, par E. Havet. *Paris*, *Lévy*, 1872, 3 vol. in-8, br.

14. Philippi a Limborch historia Inquisitionis. *Amstel.* 1692, in-fol., parch.

15. Histoire de la Papauté pendant les seizième et dix-septième siècles, par Ranke. *Paris*, 1838, 4 vol. in-8, d.-rel., v. fauve.

16. Les Femmes de la Bible, par l'abbé Darboy. *Paris*, *Garnier*, 1853. — Les Saintes Femmes, par Mlle Celliez. *Paris*, *s. d.* Ens. 2 vol. gr. in 8, d.-rel., tr. dor. *Fig.*

17. Les Fêtes de l'Église romaine, par Galoppe d'Onquaire. *Paris*, *Curmer*, 1854, gr. in-8, d.-rel., tr. dor. *Fig.*

18. Nécessité de supprimer et d'éteindre les ordres religieux en France. *Londres*, 1789, 2 vol. in-8, d.-rel.

19. Predicatoriana, ou Révélations sinjulières et amusantes sur les prédicateurs, par G. Peignot. *Dijon*, 1841, in-8, d.-rel., n. rog.

20. L'Alcoran de Mahomet, trad. d'arabe en françois par le sieur Du Ryer, *La Haye*, *Moetjens*, 1685, in-12, front., v. fauve, tr. dor. (*Bozérian*).

21. L'Alcoran des Cordeliers. *Amsterdam*. 1734, 2 vol. in-12, v. *Fig. de B. Picart.*

22. Religion fusionienne, par J.-B. de Tourreil. *Tours*, 1879, gr. in-8, d.-rel. *Pl.*

## PROTESTANTISME

23. La France protestante, ou Vies des protestants français qui se sont fait un nom dans l'histoire, par Haag. *Paris*, 1846-1859, 10 vol. in-8, d.-rel. mar. br. (*David*).

24. Bulletin de la Société de l'histoire du protestantisme français. Documents historiques des seizième, dix-septième et dix-huitième siècles. *Paris*, 1re année, 1853 à 1886, 34 années, in-8, br. et en livr.

25. Histoire de la Réformation du seizième siècle, par Merle d'Aubigné. *Paris*, 1838, 5 vol. in-8, d.-rel. mar. r., coins.

26. Histoire de la Réformation en Europe au temps de Calvin, par Merle d'Aubigné. *Paris*, *Lévy*, 1863-1876, 2 vol. br. et 5 vol. d.-rel. mar. rouge, n. rog. Ens. 7 vol. in-8.

27. Histoire ecclésiastique des Églises réformées au royaume de France, par Th. de Bèze. *Lille*, 1841, 3 vol. in-8, d.-rel. mar., tête dorée, n. rog.

28. Histoire des progrès et de l'extinction de la Réforme en Italie au seizième siècle, par Maccrie. *Paris*, 1831, in-8, d.-rel.

29. La vraye et entière histoire des troubles et guerres civiles avenues de nostre temps pour le faict de la religion, tant en France, Allemagne, que Pays-Bas, par Le Frère, de Laval. *Paris*, *G. La Noue*, 1574, in-8, réglé, parch., tr. dor.

30. L'Histoire de la naissance, progrez et décadence de l'hérésie de ce siècle, par Florimond de Rœmond. *Rouen*, 1648, in-4, parch.

31. Mémoires de Luther, trad. par Michelet. *Paris*, *Hachette*, 1837 ; 2 vol. in-8, d.-rel. chag.

32. Histoire de Martin Luther, par Audin. *Paris*, 1845, 3 vol. in-8, d.-rel. mar. rouge. *Portr.*

33. Correspondance des Réformateurs dans les pays de langue française, publiée par Herminjard. *Genève*, 1866-86, 4 vol., d.-rel. mar. rouge, n. rog., et 3 vol. br. Ens. 7 vol. in-8 br.

34. La Vie au temps des libres prêcheurs, ou les Devanciers de Luther et de Rabelais, par A. Méray. *Paris, Claudin*, 1878, 2 vol. pet in-8, d.-rel. mar. br., tête dorée, n. rog. (*David*).

35. Les Guerres de religion et la Société protestante dans les Hautes-Alpes, par Charronnet. *Gap*, 1861, in-8, d.-rel.

36. Histoire du Psautier des Eglises réformées, par Bovet. *Paris*, 1872, in-8, d.-rel. v. fauve, n. rog.

37. Traité des reliques, par J. Calvin. 1599. *Genève, Fick*, 1863. Notice bibliogr. sur le catéchisme de la confession de foi de Calvin et sur les autres livres imprimés à Genève de 1533 à 1540, par Ch. Dufour. *Genève*, 1878. Ens. 2 vol. in-12, br.

38. Les Censures des théologiens de Paris, par lesquelles ils avoyent faulsement condamné les Bibles imprimées par R. Estienne. *Paris*, 1552 (*Genève, Fick*, 1866), in-8, parch.

39. Les Actes et Gestes merveilleux de la cité de Genève, nouvellement convertie à l'Evangile, par A. Fromment, pub. par Revilliod, *Genève, Fick*, 1854, in-8, parch.

40. Pasquillorum tomi duo. Quorum primo versibus ac rhytmis, altero soluta oratione conscripta quam plurima continentur (a Cœlio secundo Curione). *Eleutheropoli* (*Basileæ*), 1544, in-16, v. fauve.

Recueil satirique rare.

41. Pasquillus Romanus ad rectores civesque Galliæ. 1536. 4 ffts. — Evangelium et epistola secundum Pasquillum, Romæ in adventu cœsaris edita. 1536. 4 ffts. En 1 vol. petit in-4, cart.

Pièces satiriques, rares.

42. Procès de Baudichon de la Maison-Neuve, accusé d'hérésie à Lyon, 1534, publié par Baum. *Genève, Fick*, 1873, in-12, d.-rel. mar. rouge, tête dorée, n. rog. (*David*).

43. Advis et devis de la source de l'idolatrie et tyrannie papales, par F. Bonivard. *Genève, Fick*, 1856, in-8 parch.

44. Satyres chrestiennes de la cuisine Papale. 1559. *Genève*, *Fick*, 1857, in-8, br.

45. Le Chansonnier huguenot du seizième siècle, *Paris*, *Tross*, 1870, in-12, d.-rel. mar. rouge, tête dorée, n. rog.

46. L'Antechrist, par Florimond de Rœmond. *Cambray*, 1613, pet. in-8, parch.

47. Le Légat de la vache à Colas de Sedege, complainte huguenote du seizièn.e siècle, pub. par Vasse. *Paris*, 1868, in-12, d.-rel. mar., n. rog.

## JURISPRUDENCE

48. Le Procès criminel, par Le Brun de la Rochette. Lyon, 1610. — L'ordre, formalité et instruction judiciaire des Grecs et Romains, par Ayrault. *Lyon*, 1642. — La Praticque judiciaire, par P. Guenois. *Genève*, 1641. — Recueil tiré des procédures criminelles. *Paris*, 1726. Ens. 4 vol. in-4, v. et parch.

49. La Coustume de Bourgongne, commentée par Bouvot. *Genève*, 1632, in-4, v.

50. Plaidoyers et autres œuvres d'Olivier Patru. *Paris*, 1670, in-4, v.

51. Recueil tiré des procédures civiles faites en l'officialité de Paris, par P. de Combes. *Paris*, 1705, in-fol., v. marb.

52. Collectio judiciorum de novis erroribus, qui ab initio duodecimi seculi usque ad annum 1632, in Ecclesia proscripti sunt et notati, operâ Du Plessis d'Argentré. *Lut. Paris*, 1728, 3 vol. in-fol., v.

53. Histoire du Droit des gens, par Laurent. *Paris*, *Durand*, 1851, 3 vol. in-8, d.-rel. v. fauve.

54. Dictionnaire de l'Economie politique, par Coquelin et Guillaumin. *Paris*, 1852, 2 vol. gr. in-8, d.-rel. chag.

55. Recherches sur la nature et les causes de la richesse des nations, par Smith. *Paris*, 1822, 6 vol. in-8, d.-rel. v.

56. Les Constitutions de la France, par F.-A. Hélie. *Paris, Maresq*, 1880, in-8, br.

57. Recueil général des anciennes lois françaises, depuis 420 jusqu'en 1789, par Isambert. *Paris, Plon*, 29 tomes en 24 vol. in-8, d.-rel. chag.

58. Le Droit civil français, par Zachariæ, trad. par Massé et Vergé. *Paris*, 1854, 5 vol. in-8, d.-rel.

59. Cours de Code Napoléon, par Demolombe. *Paris, Durand et Hachette*, 1854-64, 17 vol., d.-rel. chag. et 4 vol. br. Ens. 21 vol. in-8.

60. Théorie et pratique des obligations, par Larombière. *Paris*, 1857, 5 vol. in-8, d.-rel. v. fauve.

61. Traité général de Droit administratif appliqué, par G. Dufour. *Paris*, 1854, 7 vol. in-8, d.-rel. chag.

62. Dictionnaire de l'administration française, par Block. *Paris*, 1856, gr. in-8, d.-rel. chag.

63. Le Droit de la femme dans l'antiquité, son devoir au moyen âge, par L. de Backer. *Paris*, 1880, in-12, br. — Tribunaux et procédure du Grand criminel au dix-huitième siècle, par Berriat Saint-Prix. *Paris*, 1859, in-8, cart. Ens. 2 vol.

64. Histoire des anciens avocats, par H. Raisson. *Paris*, 1838, 2 vol. — Histoire du Palais de Justice de Paris, par Rittiez. *Paris*, 1860. Ens. 3 vol. in-8, d.-rel.

65. Lettre sur la profession d'avocat, par Dupin, 1818, 2 vol., d.-rel. mar. — Histoire des avocats, par Fournel. 1813, 2 vol., d.-rel. chag. Ens. 4 vol.

66. Etudes historique sur les clercs de la bazoche, par Fabre. *Paris*, 1856, in-8, d.-rel. mar. rouge, n. rog. *Fic*.

67. Les Clercs du Palais, par Fabre. *Lyon, Scheuring*, 1875, in-8, d.-rel. mar. rou., n. rog. (*David*).

68. Choix de testaments anciens et modernes, par G. Peignot. *Paris*, 1829, 2 vol. in-8, br.

# SCIENCES ET ARTS

## I. — AGRICULTURE — BOTANIQUE

69. Tableaux de la nature, par A. de Humbold. *Paris*, *Baudry*, 1851, 2 vol. *Pl.* — Histoire des travaux de Buffon et de Cuvier, par Flourens. *Paris*, *Paulin*, 1841, 2 vol. Ens, 4 vol. in-12, d.-rel.

70. L'Atmosphère. Description des grands phénomènes de la nature, par C. Flammarion. *Paris*, *Hachette*, 1873, gr. in-8, br. *Pl.*

71. Les Races humaines, par Figuier. *Paris*, *Hachette*, 1873, gr. in-8, br. *Fig.*

72. Traité de physiologie, par Burdach. *Paris*, 1837, 9 vol. in-8, d.-rel. *Pl.*

73. Bibliothèque des merveilles. *Paris*, *Hachette*, 53 vol. in-12, br. *Fig.*

74. Encyclopédie pratique de l'agriculture, par Moll et Gayot. *Paris*, *Didot*, 1871, 13 vol. in-8, d.-rel. chag. bl. tête dor., n. rog. *Fig.*

75. Le Théâtre d'agriculture et Mesnage des champs, d'Olivier de Serres. *Paris*, *Huzard*, 1804, 2 vol. in-4, d.-rel. mar. vert, n. rog.

76. Le Livre de la ferme et des maisons de campagne, par Joigneaux. *Paris*, *Masson*, 1865, 2 vol. gr. in-8, d.-rel. chag. *Fig.*

77. Animaux de la ferme, par V. Borie. Espèce bovine. *Paris*, 1863, gr. in-4, d.-rel. chag. *Planches coloriées.*

78. Les Races bovines au Concours universel agricole de Paris en 1856. Etudes zootechniques, par E. Baudement. *Paris*, *Imp. imp.*, 1862, in-fol. obl.. d.-rel. ch. *Planches.*

79. Livre du Roy Charles. De la chasse du cerf, publié par H. Chevreul. *Paris*, *Aubry*, 1859, pet. in-8, d.-rel. mar. bl., tête dor., n. rog.

80. Traité de l'éducation des vers à soie au Japon, par Sira-Kawa de Sendaï, trad. par L. de Rosny. *Paris*, 1868, in-8, d.-rel. mar. rouge, coins, tête dorée, n. rog. Planches. (*David.*)

81. Guide pratique du jardinier paysagiste, par Siebeck. *Paris*, 1867, in-4, cart. *Planches coloriées.*

82. Les Jardins. Histoire et description, par A. Mangin. *Tours*, *Mame*, 1867, pet. in-fol., cart., n. rog. *Illustr. par Giacomelli*, *Foulquier*, *Daubigny*, etc.

83. Le Jardin fruitier du Muséum, ou Iconographie de toutes les espèces et variétés d'arbres fruitiers cultivés dans cet établissement, par J. Decaisne. *Paris*, *F. Didot*, 1858-1875, 7 vol. in-4, d.-rel. mar. rouge, tête dorée, n. rog., et 2 vol. en livraisons. *Planches coloriées.* (Tout ce qui a paru.)

84. Types de chaque famille et des principaux genres des plantes croissant spontanément en France, par Plée. *Paris*, *Baillière*, 1844-1860, 2 vol. in-4, d.-rel. chag. rouge, n. rog. *Planches coloriées.*

85. Les Chênes de l'Europe et de l'Orient. Description et figures de toutes les espèces, par Kotschy. *Paris*, *Rotschild*, 1864, in-fol., d.-rel. chag. vert. 40 *planches coloriées.*

86. Nouvelle Iconographie fourragère, par Gourdon et Naudin. *Paris*, *Asselin*, 1865, 5 fascicules gr. in-8. Planches coloriées.

87. Les Plantes à feuillage coloré, par Lowe et Howard. *Paris*, *Rotschild*, 1865, gr. in-8, d.-rel. mar., n. rog. *Planches coloriées.*

88. Les Fougères, choix des espèces les plus remarquables, par Rivière, André et Roze. *Paris*, *Rotschild*, 1867, 2 vol. gr. in-8, d.-rel. chag., tr. dor. *Planches coloriées.*

## II. — BEAUX-ARTS — ARCHÉOLOGIE

89. L'Art pour tous, encyclopédie de l'art industriel et décoratif. *Paris*, *Morel*, 1861-1868, 6 vol. in-fol., cart. *Planches.*

90. De l'union des arts et de l'industrie, par le comte de Laborde. *Paris Imp imp*,, 1856, 2 vol. gr. in-8, br.

Papier de Hollande.

91. Les Ducs de Bourgogne. Etudes sur les lettres, les arts et l'industrie pendant le quinzième siècle, par le comte de Laborde. *Paris*, 1849, 3 vol. in-8, br. (2e partie. Preuves).

92. La Renaissance des arts à la cour de France. Etudes sur le seizième siècle, par le comte de Laborde. *Paris*, *Potier*, 1850, 2 vol. in-8, d.-rel. mar. vert, tête dorée, n. rog.

93. Les Comptes des bâtiments du Roi (1528-1571), suivis de documents inédits sur les châteaux royaux et les beaux-arts au seizième siècle, par le marquis L. de Laborde. *Paris*, *Baur*, 1877, 2 vol. gr. in-8, d.-rel. mar. bl., tête dorée, n. rog. (*David*).

94. Abécédaire, ou Rudiment d'archéologie, par de Caumont. *Caen*, 1853, 2 vol. in-8, br. *Fig*.

95, Dictionnaire raisonné du mobilier français, de l'époque carlovingienne à la Renaissance, par Viollet-le-Duc. *Paris*, *Morel*, 1872-75, 6 vol. in-8, d.-rel. mar., br., tête dorée, n. rog. Fig. (*David*.)

96. Histoire du costume en France, par Quicherat. *Paris*, *Hachette*, 1875, gr. in-8, br. *Fig*.

97. Histoire de la céramique, par A. Jacquemart. *Paris*, *Hachette*, 1873, gr. in-8, br. *Fig. par J. Jacquemart.*

98. Guide de l'amateur de faïences et porcelaines, par Demmin. *Paris*, 1867, 2 vol. in-12, d.-rel. *Fig*.

99. L'Acropole d'Athènes, par Beulé. *Paris*, *Didot*, 1853, 2 vol. in-8, br. *Pl*.

100. E. Desjardins. Essai sur la topographie du Latium. — De tabulis alimentariis. *Parisiis*, *Durand*, 1854, 2 vol. in-4, br. *Pl*.

101. Rome souterraine, par Spencer Northcote et Brownlow, trad. par Allard. *Paris*, *Didier*, 1873, in-8 br. *Planches en couleurs*

102. Chorea ab eximio macabro versibus alemanicis edita. Parisiisque per Guidonem mercatorem edita, anno 1490. In-4, cart. *Fig.*

Réimpression fac-simile par le procédé Pilinski.

103. Alberti Dureri Geometria. *Lutetiæ, apud Christ. Wechelum*, 1532, in-fol., v. *Fig. sur bois. Feuillets rongés dans la marge infer.*

104. Beaux-Arts au seizième siècle. 6 plaq. gr. in-8.

J. Lemaire de Belges et J. Perreal, par Charavay. 1876. — Jehan de Paris, peintre de Louis XII, par Renouvier. 1861. — Nic. Bataille, par J. Guiffrey. 1877. — Rabelais et l'Architecture de la Renaissance, par Lenormand. 1840. — Diane de Poitiers et son goût dans les arts, par A. de Montaiglon. 1879.

105. Œuvres complètes de Benvenuto Cellini, trad. par Leclanché. *Paris*, 1847, 2 vol. in-12, d.-rel mar.

106. Portraits des personnages français les plus illustres du seizième siècle reproduits en fac-similé avec notices, par J. Niel. *Paris, Lenoir,* 1846-56, 2 vol. in-fol., d.-rel. mar. vert, n. rog.

107. Les chefs-d'œuvre de la peinture italienne, par P. Mantz. *Paris, F. Didot*, 1870, in-fol., cart., n. rog. *Planches en couleurs.*

108. Eloge de Lancret, peintre du roi, par Ballot de Sovot, pub. par J. Guiffrey. *Paris, Baur,* in-8, br. *Eau-forte, papier de Chine.*

109. Les Caffiéri, sculpteurs et fondeurs-ciseleurs, par J. Guiffrey. *Paris, Morgand*, 1877, in-8, br. *Eaux-fortes par M. Leloir.*

110. Les Dessinateurs d'illustrations au dix-huitième siècle, par le baron Portalis. *Paris, Morgand*, 1877, 2 vol. in-8, br. *Eau-forte.*

111. Les chefs-d'œuvre de l'art chrétien par Armengaud. *Paris*, 1858, in-4, cart. *Fig.*

112. Œuvre de Flaxman. Recueil de ses compositions gravées par Réveil. *Paris, Audot,* 1833-47, 2 vol. pet. in-4 obl., d.-rel. mar. rouge, tr. dor. *Fig.*

113. Heath's Gallery of british engravings. *London, Longman*, 1834, gr. in-8, chag., tr. dor. *Fig.*

114. Album de lithographies, par De Marne, C. et H. Vernet, Redouté, Lebas, etc., in-4 obl., cart. 21 *planches*.

114 *bis*. Collection de vingt eaux-fortes dessinées par K. Bodmer. Gr. in-fol., cart.

Epreuves d'artiste sur chine.

115. Le Diable à Paris. Paris et les Parisiens, par Gavarni et Grandville. *Paris, Hetzel*, 1868, 4 vol. gr. in-8, d.-rel., tr. dor. *Fig.*

116. L'Antiquité drolatique. *Paris, s. d.* in-4, d.-rel. mar. rou., n. rog. *Fig. coloriées.*

117. Collection de plombs historiés trouvés dans la Seine, recueillis par A. Forgeais. *Paris*, 1862, 5 vol. in-8, d.-rel. *Fig.*

118. Monnaies inconnues des Evêques, des Innocens et des Fous, par Rigollot, d'Amiens. *Paris*, 1837, in-8, d.-rel. mar., tête dorée, n. rog. *Planches* (*David*).

## BELLES-LETTRES

### I. — LINGUISTIQUE

119. Egger. Apollonius Dyscole. Histoire des théories grammaticales dans l'antiquité. — Examen critique des historiens anciens du règne d'Auguste. — Essai sur l'hist. de la critique chez les Grecs. — Latini sermonis vetustioris reliquiæ selectæ. *Paris*, 1843-54, 4 vol. in-8, d.-rel. v. fau., n. rog. (*Simier*).

120. Glossarium mediæ et infimæ latinitatis conditum a domino Du Cange, auctum a monachis ordinis S. Benedicti, cum supplementis Carpenterii, digessit Henschel. *Parisiis, F. Didot*, 1840, 7 vol. in-4, d.-rel. mar., br.

121. Dictionnaire des abréviations latines et françaises du

moyen âge. — Paléographie des chartes et des manuscrits du onzième au dix-septième siècle, par A. Chassant. *Paris, Aubry*, 1862, 2 vol. in-12, cart *Pl.*

122. Joachimi Perionii Dialogi de linguæ Gallicæ origine. *Parisiis, Nivellius*, 1555, in-8, parch.

123. Origine et Formation de la langue française, par A. de Chevallet. *Paris*, 1858, 3 vol. in-8, d.-rel. c. de Russie.

124. Histoire des révolutions du langage en France, par Wey. *Paris, Didot*, 1848, in-8, d.-rel. mar. br.

125. Langue nationale des Français, par Hardy. 1876. — La Grammaire française et les Grammairiens du seizième siècle, par Livet. 1859. — Précis d'histoire de la langue française par Pellissier. 1873. Ens. 3 vol. in-8, et in-12, d.-rel. et br.

126. Brachet. Grammaire historique de la langue française. — Dictionnaire étymolog. de la langue française. *Paris, Hetzel*, 2 vol. in-12, d.-rel. mar.

127. Recueil de l'origine de la langue et poésie françoise, ryme et romans, par Cl. Fauchet. *Paris, Mamert, Patisson*, 1581. pet. in-4, cart

128. Glossaire de la langue romane, par Roquefort. *Paris*, 1808, 3 vol. in-8, d.-rel. v. fau.

129. Grammaire de la langue d'Oïl, ou Grammaire des dialectes français aux douzième et treizième siècles, par Burguy. *Berlin*, 1869, 3 tomes en 1 vol. in-8, d.-rel. chag,

130. L'Eclaircissement de la langue française, par J. Palsgrave, suivi de la Grammaire de Giles Du Guez, pub. par Génin. *Paris, Impr. nat.* 1852, in-4, cart.

131. Bellum grammaticale. *Parisiis, ex offic. R. Stephani*, 1528, pet. in-8, v.

132. De philologia libri II, Gulielmi Budæi. — De studio literarum. *Parisiis, Jodocus Badius*, 1532, 2 part. en 1 vol. in-4, v. (*Mouillures.*)

133. Dictionarium latino-gallicum. *Lutetiæ, R. Stephanus*, 1546, in-fol., parch.

134. Dictionnaire françois latin, autrement dict les mots françois avec les manières duser diceulx, tournez en latin, par R. Estienne. *Paris*, 1549, pet. in-fol., bas.

135. Le Stile et Manière de composer, dicter et escrire toute sorte d'épistres, ou lettres missives avec epitome de la poinctuation et accentz de la langue françoise. *A Lyon, par J. Temporal*, 1555, in-16, d.-rel. mar.

136. Les mots françois selon l'ordre des lettres, ainsi que les fault escrire : tournez en latin pour les enfants, par Ch. Estienne. *Paris, Ch. Estienne*, , 1557, pet. in-4, parch.

137. La precellence du langage françois, par H. Estienne. 1850. — Dictionnaire du vieux langage françois, par Lacombe. 1766. Ens. 2 vol. in-8 et in-12, rel.

138. Conformité du langage françois avec le grec, par H. Estienne. *Paris*, 1853, in-12, d.-rel. chag.

139. Deux dialogues du nouveau langage françois italianizé, par H. Estienne. *Paris, Liseux*, 1883, 2 vol. in-8, pap. vergé, d.-rel. mar. br., tête dorée, n. rog. (*David*).

140. Traicte de la grammaire françoise, par Robert Estienne. — Gallicæ grammatices libellus. *Paris, R. Estienne*, 1569, pet. in-8, parch.

141. Thresor de la langue françoise, tant ancienne que moderne. Auquel entre autres choses sont les mots propres de marine venerie, et faulconnerie, cy devant ramassez par A. de Ranconnet, reveu et augmenté par Jean Nicot. *Paris, David Douceur*, 1606, in-fol., d.-rel., tr. dor. *Grandes marges*.

142. A dictionarie of the french and english tongues. Compiled by Randle Cotgrave. *London, Adam Islip*, 1611, pet. in-fol., v.

Première édition, rare.

143. A french and english dictionary by Cotgrave and Howell. *London*, 1673, in-fol. v.

144. Dictionnaire de la langue françoise ancienne et moderne. *Paris*, *Estienne*, 1728, 3 vol. in-fol., v. marb.

145. Dictionnaire étymologique de la langue françoise, par Ménage. *Paris*, 1750, 2 vol. in-fol., v. marb.

146. Dictionnaire de l'Académie française. *Paris*, *Didot*, 1836, 3 vol., in-4, d.-rel. mar.

147. Dictionnaire de la langue française par Littré. *Paris*, *Hachette*, 1873, 4 vol. in-4, d.-rel. mar. br.

148. Dictionnaire des synonymes de la langue française, par Lafaye. *Paris*, *Hachette*, 1879, gr. in-8, br.

149. Observations sur l'orthographe française, par A.-F. Didot. *Paris*, 1868, in-8. d.-rel. chag.

150. Études de philologie comparée sur l'argot, par Fr. Michel. *Paris*, 1856, in-8, d.-rel. chag.

151. Linguistique. 5 vol. in-12, rel. et br.

La prononciation et le langage rustiques des environs de Paris, par Agnel. 1855. — Rôle de l'accent latin dans la langue française, par G. Paris. 1862. — Excentricités du langage français, par Larchey. 1861. — Grammaire de Port-Royal, par Bailly. 1846. — Enseignement de notre langue, par Marty-Laveaux. 1872.

152. Cours supérieur de grammaire par Julien. 1849. — Traité de versification française par Quicherat. 1850. Ens. 2 vol. in-8, d.-rel.

153. Grammaire et Littérature, de l'Encyclopédie méthodique. *Paris*, 1782, 3 vol. in-4, v.

154. Lettres sur l'éducation des princes (par de Nonney de Fontenai). *Edimbourg*, 1746, in-12, v. fau., tr. dor. (*Simier.*)

155. Le Livre des proverbes français, par Le Roux de Lincy. *Paris*, *Delahays*, 1859, 2 vol. in-12, cart., n. rog.

156. Histoire générale des proverbes, adages et sentences, par de Méry. *Paris*, 1828, 3 vol. in-8, br.

157. Bulletin du Comité historique des monuments écrits de l'histoire de France et du Comité de la langue. *Paris*, 1849-1855, 5 vol. in-8, d.-rel. chag.

## II. — POÉSIE

158. Homeri opera omnia ex recensione et cum notis S. Clarkii. *Glasguæ, Priestley*, 1814, 5 vol. in-8, d.-rel. mar rou., n. rog.

159. L'Iliade et l'Odyssée d'Homère, trad. par Leconte de Lisle. *Paris, Lemerre*, 1867, 2 vol. in-8, br. Papier de Hollande.

160. Hésiode, Hymnes orphiques, Théocrite, Bion, Moskhos, Tyrtée, trad. par Leconte de Lisle. *Paris, Lemerre*, 1869, in-8, br. Papier de Hollande.

161. Eschyle, trad. nouvelle par Leconte de Lisle. *Paris, Lemerre*, 1872, in-8, br. *Papier de Hollande, numéroté.*

162. Euripidis opera omnia, latina interpretatione, scholiis antiquis et eruditorum observationibus illustrata. *Glasguæ, Duncan*, 1821, 9 vol. in-8, d.-rel. cuir de Russie, n. rog.

163. Œuvres de Horace, trad. nouv. par Leconte de Lisle. *Paris, Lemerre*, 1873, 2 vol. in-12, br. *Eau-forte.*

Papier Whatman.

164. Roland furieux, poème de l'Arioste, trad. par d'Ussieux. *Paris, Brunet*, 1775, 4 vol. in-8, papier de Hollande, mar. rouge, fil., tr. dor. *Rel. anc.*

Figures de Cochin avant la lettre.

165. Le Romancero du Cid, trad. avec texte en regard par A. Rénal. *Paris, Baudry*, 1842, 2 vol. in-8, br.

166. Fables inédites des douzième, treizième et quatorzième siècles, et Fables de La Fontaine rapprochées de celles de tous les auteurs qui avaient, avant lui, traité les mêmes sujets, par Robert. *Paris*, 1825, 2 vol. in-8, papier vélin, d.-rel. mar., tête dorée, n. rog. *Figures sur chine.*

167. Recueil de poésies françoises des quinzième et seizième siècles, réunies et annotées par A. de Montaiglon. *Paris, Jannet*, 1855-78, 13 vol. in-12, cart., n. rog.

168. Recueil de chants historiques français, par Leroux de Lincy. *Paris*, 1841, 2 vol. in-12, d.-rel. v.

169. La Fleur des chansons. — Les grans chansons nouvelles, qui sont en nombre cent et dix. — Deux Chansons nouvelles. — Quatorze belles chansons. Réimpressions facsimilé du seizième siècle, tirées à petit nombre. 3 vol. in-12, d.-rel. et cart.

170. Chansons du quinzième siècle, publiées par G. Paris. *Paris, Didot*, 1875, in-8, cart , n. rog.

171. Proverbes champenois avant le seizième siècle. Le Roman du Renard contrefait, publ. par P. Tarbé. *Reims*, 1851, in-8, br.

172. Œuvres complètes d'Eustache Deschamps, publiées par le marquis de Queux de Saint-Hilaire. *Paris, Didot*, 1878, 4 vol. in-8, cart., n. rog.

173. Poésies de Marguerite-Eléonore-Clotilde de Vallon-Chalys, depuis M^me^ de Surville, publ. par Vanderbourg. *Paris*, 1803, in-8, mar. citr., fil., tr. dor.

174. Réimpressions de poésies du seizième siècle. 7 broch. in-8 et in-12.

Sensuivent les ténèbres de Champ Gaillart. — Le Banquet Du Boys. — Saulsaye Eglogne de la vie solitaire. — Albums et œuvres poétiques de Marguerite d'Autriche. — L'Epistre de M. Malingre, envoyée à Clement Marot. — La Semonce des coquus de Paris. — La Fille abhorrant le mariage. — La Vierge repentie.

175. Trésor des pièces rares ou inédites. *Paris, Aubry*, 1856-60, 4 vol. pet. in-8, cart., n. rog.

Les Vers de H. Baude, poète du quinzième siècle. — Les Funérailles d'Anne de Bretagne. — Le Procès de Fr. Ravaillac. — Le Blason des couleurs, par Sicille.

176. Œuvres de François Villon, publ. par Prompsault. *Paris*, 1832, in-8, d.-rel. v. fau., n. rog.

177. Poètes du seizième siècle. 6 vol. ou broch. in-8.

Etude sur Fr. Villon, par Longnon. 1877. — Notice sur Villon, par Vitu. 1873. — Villon et ses légataires, par Longnon. 1873. — Ronsard, par Gandar. 1854. — B. des Periers, par Chenevière. 1885. — Mage de Fiefmelin, par Audiat. 1864.

178. Les Poésies de Guillaume Cretin. — La Légende de maistre Pierre Faifeu. *Paris, Coustelier*, 1723, 2 vol. pet. in-8, v.

179. Poème inédit de Jehan Marot publié d'après un manu-

scrit de la Bibliothèque nationale par G. Guiffrey. *Paris, Renouard*, 1860, in-8, br. (25 exemplaires.)

180. Les Œuvres de Clément Marot. *Paris, Jaques Bogard*, 1546, in-16, parch.

181. Les Œuvres de Clément Marot, de Cahors, plus amples et en meilleur ordre que paravant. *Paris, J. Ruelle*, 1547, 2 vol. in-16, v.

182. Les Œuvres de Clément Marot, de Cahors, vallet de chambre du Roy. *A Paris, par Oudin Petit*, 1548. — Cinquante-deux pseaumes de David traduitz en rithme francoyse. *Paris, Thibaut*, 1548. En 1 vol. in-16, v. (*Court de marges.*)

183. Œuvres de Clément Marot. *Lyon, Jean de Tournes*, 1558, 4 part. en 1 vol. in-16, v. *Fig. sur bois.* (*Incomplet.*)

184. Les Œuvres de Clément Marot, reveües et augmentees de nouveau. *Rouen, R. du Petit-Val*, 1596, in-12, mar. vert, tr. dor.

185. Œuvres de Clément Marot, avec les ouvrages de Jean et Michel Marot. *La Haye, Gosse*, 1731, 6 vol. in-12, mar. rouge, tr. dor. *Portr. Rel. anc.*

186. Œuvres complètes de Clément Marot. *Paris, Picard*, 1868, 4 vol. in-12, cart., n. rog.

187. Vie de Clément Marot, par Ch. d'Héricault, 1867. — Syntaktische Studien zu Marot, von Glauning, 1873. — Lettre de Cl. Marot sur l'arrivée de Lulli aux Champs-Élysées, 1825. — Etude sur J. Marot, par Theureau, 1873. Ens. 4 vol. in-8, cart.

188. Clément Marot et le Psautier huguenot. Etude littéraire, musicale et bibliograph., contenant les mélodies primitives des psaumes et des spécimens d'harmonie, par O. Douen. *Paris, Impr. nat.*, 1878, 2 vol. gr. in-8, d.-rel. mar. br., tête dorée, n. rog. (*David.*)

189. Clement Marot and other studies, by H. Morley. *London*, 1871, 2 vol. in-12, cart.

190. Confessions de Clément Marot, publiées par l'auteur de l'*Aventurier françois*. *Paris*, 1798, in-18, d.-rel. v. fau., n. rog.

191. Salmonii Macrini Juliodunensis carmina. *Parisiis*, 1530. — Macrini carminum libellus, 1528. — Hilarii Cortesii Neustri, civis Ebroici volantillæ, 1533. — Pauli Cerrati Albensis de Virginitate, 1528. — Bonæ valetudinis conservandæ præcepta, 1533. — Marci Hieronymi Vidæ Scacchorum liber, 1529. En 1 vol. in-8, v. comp. Rel. du seizième siècle restaurée.

192. Salmonii Macrini Juliodunensis hymnorum libri sex. *Parisiis*, *R. Stephanus*, 1537, in-8, v. fau.

193. Nicolai Borbonii Vandoperani Nugæ. *Parisiis*, 1533, pet. in-8, cart.

194. Andræe Alciati emblematum libellus. *Parisiis*, *ex offic. Christiani Wecheli*, 1535, pet. in-8, v. *Figures sur bois.* (*Taché.*)

Dans le même vol. : Gilberti Ducherii Vultonis epigrammata. *Lugduni*, 1538.

195. Cynthii Joannis Baptistæ Gyraldi de obitu divi Alfonsi Estensis epicedion. Sylvæ. Elegiæ. Epigrammata, etc. *Ferrariæ*, *Fr. Roscius*, 1537, pet. in-4, parch.

196. J. Wulteii Remensis epigrammata. *Lugduni*, 1537, in-8. — Inscriptiones. *Parisiis*, 1538, in-16. Ens. 2 vol., v.

197. Stephani Doleti Galli Aurelii carminum libri quatuor. *Lugduni*, 1538 (*marque de Dolet sur le titre*), pet. in-4, v. marb.

Bel exemplaire.
Dans le même vol. : Joannis Secundi Hagiensis Basia, et alia quædam. *Lugduni*, *apud Gryphium*, 1539.
Édition originale.

198. Doctissimorum nostra ætate Italorum epigrammata. *Lutetiæ* (vers 1540). — Huberti Sussanei ludorum libri. *Parisiis*, 1538. En 1 vol. pet. in-8, v.

199. J.-B. Pignæ carmina. *Venetiis*, 1553, pet. in-8, parch.

200. Poésies du roi François Ier, de Louise de Savoie et de Marguerite, reine de Navarre. *Paris, Impr. roy.*, 1847, in-4, cart., n. rog.

201. Tumulus Henrici secundi Gallorum regis, per Joach. Bellaium. *Parisiis, Morellus*, 1559, pet. in-4, cart. (*taché d'humidité*).

202. Pœmata Theodori Bezæ. *Lugduni, s. l.*, in-16, parch.

203. Epistres morales et familieres du Traverseur (Jehan Bouchet). *A Poitiers, chez Jacques Bouchet et de Marnef*, 1545, 2 vol. in-fol., v. fau.

Ouvrage rare dont on trouve difficilement les deux parties réunies.

204. Les Elégies de la belle fille lamentant sa virginité perdue, par Ferry Julyot, 1868. — Contes et facéties d'Arlotto, 1873. — Trente-six ballades joyeuses, par Th. de Banville, 1873. *Paris, Lemerre*, 3 vol. in-12, br.

205. La Pléiade françoise, publiée par Marty-Laveaux. *Paris, Lemerre*, 1868-86, 10 vol. in-8, br.

Estienne Jodelle. 2 vol. — J. Du Bellay. 2 vol. — Jean Dorat et Pontus de Tyard. — Remy Belleau. 2 vol. — Antoine de Baïf. 3 vol.

206. Delie, objet de plus haute vertu, poésies par Maurice Sève. *Lyon, Scheuring*, 1862, in-12, br.

207. Rymes de gentile et vertueuse dame Pernette Du Guillet, *Lyon, Scheuring*, 1864, in-12, br.

208. Œuvres de Louise Labé Lionnoize. *Lyon, Durand et Perrin*, 1824, in-8, d.-rel. v., n. rog.

209. Œuvres de Louise Labé Lionnoise, pub. par Montfalcon. *Paris*, 1858, in-8, d.-rel. mar. vert, coins, n. rog. (*David*).

210. Œuvres poétiques de Mellin de S. Gelais. *Paris*, 1719, in-12, v.

211. Œuvres complètes de Melin de Sainct-Gelays, publiées par P. Blanchemain. *Paris, Daffis*, 1873, 3 vol. in-12, cart., n. rog.

212. Bibliothèque d'un curieux. *Paris, Lemerre*, 1871, 8 vol. in-12, br.

Les Serées de G. Bouchet. 3 vol. — Le Cymbalum mundi. — Dia-

.ogues de Tahureau. — Quatrains de Pibrac. — Gayetez et Soupirs d'Olivier de Magny.

213. Les bigarrures et les escraignes Dijonnoises du seigneur des Accords (Est. Tabourot). *Paris*, 1595, in-12, cart.

214. Œuvres de Regnier, avec notes, par E. Courbet. *Paris*, *Lemerre*, 1869, in-12, br. *Papier Whatman*.

215. L'Art poétique du sieur Colletet. *Paris*, 1658, in-12, v.

216. Œuvres de Théophile. *Lyon*, 1668, in-12, v. *Portr.*

217. La Muze historique, par J. Loret, publié par Livet. *Paris*, 1877, 2 vol. in-8, br.

218. Les Continuateurs de Loret. Lettres en vers de La Gravette de Mayolas, Robinet, Boursault et autres (1665-1689), publiées par le baron James de Rothschild. *Paris*, *Morgand*, 1881, 2 vol. gr. in-8, br.

219. Fables et Contes de J. de La Fontaine, avec notes, par A. Pauly. *Paris*, *Lemerre*, 1868, 4 vol. in-12, br. *Portr.*

Exemplaire numéroté sur papier Turkey-Mill.

220. Œuvres complètes de La Fontaine, publiées par Marty-Laveaux. *Paris*, *Daffis*, 1863, 5 vol. in-12, cart., n. rog.

221. Œuvres de Boileau-Despréaux, avec notes, par de Saint-Marc. *Paris*, 1747, 5 vol. pet. in-8, v. marb. *Vignettes d'Eisen et portr.*

222. Œuvres de Boileau-Despréaux, avec notes par A. Pauly. *Paris*, *Lemerre*, 1875, 2 vol. in-12, br. *Eaux fortes*.

Papier Whatman.

223. Œuvres choisies de J.-B. Rousseau. *Paris*, *Du Bure*, 1825, 2 vol. in-32, *portr.*, v. bl., tr. dor.

224. Œuvres de Saint-Lambert. *Paris*, *Didot*, 1795, 2 vol. in-18, d.-rel., n. rog. *Portr.*

225. Œuvres de Delille. *Paris*, *Lefèvre*, 1835, gr. in-8, v. viol., fil., comp. tr. dor. *Fig.* (*Dinain*).

226. Œuvres poétiques de André Chénier. *Paris*, *Lemerre*, 1874, 3 vol. in-12, br. *Portr.*

Papier Whatman.

227. Œuvres de Alfred de Vigny. *Paris*, *Delloye*, 1837, 7 vol. in-8, d.-rel. chag.

228. A. de Musset. Nouvelles. *Paris*, *Charpentier*, 1848. — Comédies et Proverbes, 1848. — Poésies complètes, 1849. — Confession d'un enfant du siècle, 1850. 4 vol. in-12, d.-rel. chag.

229. Œuvres de Alfred de Musset. *Paris*, *Lemerre*, 1876, 11 vol. in-12, br.

Papier Whatman numéroté. Tiré à 110 exemplaires.

230. Œuvres de V. Hugo. *Paris*, *Lemerre*, 1875, 14 vol. pet. in-12, br. *Portr.*

231. Châtiments, par V. Hugo. *Genève*, 1853, in-32, mar. rouge, tr. dor. (*Hardy*).

232. Sonnets et eaux-fortes. *Paris*, *Lemerre*, 1869, gr. in-4, en portef. *41 planches à l'eau-forte.*

Exemplaire sur grand papier Whatman, avec deux états des eaux-fortes avant la lettre.

233. Poèmes antiques et barbares, par Leconte de Lisle. *Paris*, *Lemerre*, 1872, 2 vol. in-8, br.

234. Le Tombeau de Théophile Gautier. *Paris*, *Lemerre*, 1873, pet. in-4, br. *Portr.*

235. Le Livre des sonnets, dix dizains de sonnets choisis. *Paris*, *Lemerre*, 1874, in-8, br.

Papier Whatman.

## III. — ROMANS

236. Les Amours pastorales de Daphnis et de Chloé, trad. par J. Amyot. *Paris*, *Lemerre*, 1872, in-12, br. *Eaux-fortes d'après Prud'hon.*

Papier Whatman.

237. Amadis de Gaule, mis en françoys par Nic. de Herberay, *Paris, Vincent Sertenas*, 1555, 7 part. en 4 vol. pet. in-8, rel. *Fig. sur bois*. (Les sept premiers livres.)

238. L'ingénieux hidalgo Don Quichotte de la Manche, par Cervantes, trad. par Viardot. *Paris, Dubochet*, 1836, 2 vol. gr. in-8, d.-rel. mar., tête dorée, n. rog. *Figures de T. Johannot.*

239. Les contes ou nouvelles recréations et joyeux devis de Bonaventure Des Periers. *Amsterdam*, 1735, 3 vol. in-12, v.

240. Facetiæ facetiarum, hoc est, joco-seriorum fasciculus novus. *Pathopoli*,, 1647, in-12, v., tr. dor.

241. Les Aventures de Télémaque, par Fénelon. *Paris, Didot*, 1785, 2 vol. in-4, d.-rel. v. *Figures de Monnet.*

242. Mémoires du comte de Grammont, par Hamilton. *Paris, Lemerre*, 1876, in-12, br. *Portr.*

Papier Wahtman.

243. Voyages de Gulliver, par Swift. *Paris, Fournier*, 1838, 2 vol. in-8, d.-rel., v. fauve, non rogné. *Illustr. de Grandville.*

Premier tirage.

244. Histoire de Manon Lescaut, par l'abbé Prévost. *Paris, Didot l'aîné*, 1797, 2 vol. in-18, v., tr. dor. *Vign. de Lefèvre.*

245. Histoire de Manon Lescaut, par l'abbé Prévost. *Paris, Lemerre*, 1870, in-12, br. *Portr. Papier Whatman.*

246. Romans de Voltaire, avec notes par Dillaye. *Paris, Lemerre*, 1877, 3 vol. in-12, br. *Portr. Papier Whatman.*

247. Paul et Virginie, par B. de Saint-Pierre. *Paris, Lemerre*, 1876, in-12, br. *Portr.*

Papier Whatman.

248. Le Faust de Gœthe, trad. par H. Blaze. *Paris, Dutertre*, 1847, gr. in-8, d.-rel. chag., tête dorée, n. rog. *Fig. de T. Johannot.*

249. Werther, par Gœthe, trad. par P. Leroux. *Paris, Hetzel*, 1845, gr. in-8, d.-rel. chag., tête dorée, n. rog. *Eaux-fortes par T. Johannot.*

250. Contes du bibliophile Jacob à ses petits-enfants. *Paris, L. Janet, s. d.*, 2 vol. in-18, v. fau., tr. dor. *Vign.*

251. Les deux fous, histoire du temps de François Ier, 1524, par P.-L. Jacob. *Paris, Renduel*, 1830, in-8, d.-rel. v., n. rog.

252. Mes prisons, suivi des Devoirs des hommes, par Silvio Pellico, trad. par Messey. *Paris, Delloye*, 1844, gr. in-8 chagr., tr. dor. *Illustr. de G. Séguin, D'Aubigny, Steinheil.*

253. Œuvres de C. Tillier. *Nevers*, 1846, 4 vol. in-12, d.-rel. mar., tête dorée, n. rog.

254. 1572. Chronique du temps de Charles IX, par l'auteur du Théâtre de Clara Gazul (P. Mérimée). *Paris, Mesnier*, 1829, in-8, d.-rel. v. fauve, n. rog. (*Thouvenin*).

Edition originale.

255. Jérôme Paturot à la recherche d'une position sociale, par Reybaud. *Paris, Dubochet*, 1848, gr. in-8, d.-rel. ch. *Fig. de Grandville.*

256. Contes populaires de l'Allemagne, par Musœus, trad. par Cerfberr de Medelsheim. *Paris, Havard*, 1846, 2 part. en 1 vol. pet. in-8, d.-rel. *Fig.*

257. Petite Bibliothèque littéraire. *Paris, Lemerre*, 10 vol. in-12, br.

Flaubert. Mme Bovary. 2 vol. — Gozlan. Aristide Froissart. — Coppée. Poésies. — Sully Prudhomme. Poésies. 2 vol. — Glatigny. Le jour de l'an d'un vagabond. — Anthologie des prosateurs français. — Barbey d'Aurevilly. L'Ensorcelée. — Th. de Banville. Les Stalactites.

258. La Dame de Gai-Fredon, par Quatrelles. *Paris, Hachette*, 1884, in-4, cart. *Illustr. par Courboin.*

## IV. — THÉATRE

259. Aristophanis Comœdiæ, cum versione latina et notis a Brunck. *Londini, Whittaker*, 1823, 3 vol. in-8, d.-rel. c. de Russie, n. rog.

260. Œuvres complètes de Shakspeare, trad. par Guizot, *Paris, Didier*, 1868, 8 vol. in-12, br.

261. Ancien théâtre françois, ou collection des ouvrages dramatiques les plus remarquables depuis les mystères jusqu'à Corneille, publié par Viollet-le-Duc. *Paris, Jannet*, 1854, 10 vol. in-12, d.-rel. mar. rouge, tête dorée, n. rog.

262. Le Mistère du Vieil Testament, publié avec notes et glossaire, par le baron James de Rothschild. *Paris, Didot*, 1878, 5 vol. in-8, cart., n. rog.

263. Œuvres de P. Corneille, nouvelle édition revue sur les plus anciennes impressions et augmentée par Marty-Laveaux. *Paris, Hachette*, 1862, 12 vol. in-8 et album in-4, d.-rel. mar. rouge, tête dorée, n. rog. *(David)*.

264. Œuvres de Molière, nouvelle édition revue et augmentée de variantes et notes par E. Despois. *Paris, Hachette*, 1873, 8 vol. in-8, br.

265. Les Œuvres de Molière, avec notes et variantes par A. Pauly. *Paris, Lemerre*, 8 vol. in-12, br. *Eaux fortes d'après Boucher*.

Papier Whatman.

266. Œuvres de J. Racine, nouvelle édition augmentée de variantes, notes et lexique par P. Mesnard. *Paris, Hachette*, 1865, 8 vol. in-8 et 2 albums gr. in-8, d.-rel. mar. Lavall., tête dorée, n. rog. (*David*).

267. Les Œuvres de Jean Racine, avec variantes et notes par A. France. *Paris, Lemerre*, 5 vol. in-12, br. *Portr.*

Papier Whatman.

268. Le Barbier de Séville et le mariage de Figaro, par Beaumarchais. *Paris, Lemerre,* 1871, 2 vol. in-12, br. *Portr.*
Papier Whatman.

269. Abélard, drame, par Charles de Rémusat. *Paris, Lévy,* 1877, in-8, d.-rel. mar., n. rog.

270. Histoire du Théâtre français, par les frères Parfaict. *Paris,* 1745, 14 vol. in-12, v. marbr.

271. Les Souvenirs et les Regrets du vieil amateur dramatique, ou Lettres d'un oncle à son neveu sur l'ancien Théâtre Français. *Paris, Froment,* 1829, in-12, d.-rel. mar. *Figures coloriées.*

## V. — POLYGRAPHES

272. Diogenis Laertii opera, cum latina interpretatione et notis Huebneri. *Lipsiæ,* 1828, 4 vol. in-8, d.-rel. chag.

273. Luciani opera græce et latine, ad editionem Hemsterhussi et Reitzii expressa. *Biponti,* 1789, 10 vol. in-8, br.

274. Oratores attici opera et studio Steph. Dobson. *Londini, Dove,* 1828, 6 vol. in-8, d.-rel. mar.

275. Demosthenis et Aeschinis quæ exstant omnia; interpretatione latina et annotationibus illustravit Dobson. *Londini, Dove,* 1828, 10 vol. in-8, d.-rel. mar., br.

276. Plinii Cœcilii Secundi Epistolæ: *Parisiis, J. Badius,* 1533, in-fol., v.

277. Œuvres complètes de Cicéron, publiées en français avec texte par V. Le Clerc. *Paris, Werdet,* 1826, 36 vol. in-18, d.-rel. mar., tête dorée, n. rog.

278. Les Nuits attiques d'Aulu-Gelle, trad. par Verger. *Paris,* 1820, 3 vol. in-8, d.-rel.

279. Œuvres choisies du roi René, avec notices par le comte de Quatrebarbes. *Paris, Picard,* 1849, 2 tomes en 1 vol. in-fol, d.-rel. mar. vert, tête dorée, n. rog. *Planches.*

280. Œuvres de Rabelais, édition variorum, augmentée de pièces inédites, par Esmangart et Johanneau. *Paris, Dalibon*, 1823, 9 vol. in-8, d.-rel. mar., br. *Fig. de Deveria sur Chine.*

281. Œuvres de Rabelais, publ. par P.-L. Jacob. *Paris, Bry*, 1857, gr. in-8, br. *Illustr. de G. Doré.*

282. Les Œuvres de maistre François Rabelais, publiées par Marty-Laveaux. *Paris, Lemerre*, 1868, 3 tomes en 4 part. in-8, br. *Eaux fortes par Bracquemond.*

Papier de Hollande numéroté.

283. Les Essais de Montaigne, avec notes et glossaire, par Courbet et Royer. *Paris, Lemerre*, 1872, 4 vol. in-8, br.

Papier de Hollande numéroté.

284. Œuvres complètes d'Estienne de La Boëtie, publiées par Feugère, 1846. — Et. de La Boëtie, par Feugère, 1845.— Notice sur La Boëtie, par Payen, 1853. Ens. 2 vol. in-8 et in-12, d.-rel.

285. Œuvres de Brantôme. *La Haye*, 1740, 15 vol. in-12, bas *Fig.*

286. Œuvres complètes de P. de Bourdeille, seigneur de Brantôme, publiées par L. Lalanne, *Paris*, *Rencuard*, 1864, 11 vol. in-8, br.

287. Œuvres complètes de Th. Agrippa d'Aubigné, publiées par Réaume et de Caussade. *Paris, Lemerre*, 1873, 4 vol. in-8, br. *Portr.*

Papier de Hollande numéroté.

288. Lettres de madame de Sévigné, de sa famille et de ses amis, recueillies et annotées par Monmerqué. *Paris, Hachette*, 1862, 14 vol. in-8 et album in-4, d.-rel. maroq. vert, tête dorée, n. rog. *(David).*

289. Grands écrivains de la France. *Paris*, *Hachette*, 8 vol. in-8, br.

Mémoires du cardinal de Retz. 2 vol. — La Bruyère, t. III, 2 vol. — La Fontaine, tome Ier. — Saint-Simon, 3 vol.

290. Réflexions, ou Sentences et Maximes morales de La Rochefoucault. *Paris*, *Lemerre*, 1870, in-12, br. *Portr. Papier Whatman.*

291. Œuvres de Labruyère, nouv. édition augmentée par Servois. *Paris*, *Hachette*, 1865, 2 vol. in-8, d.-rel. mar. bl., tête dorée, n. rog. (*David*).

292. Les Caractères ou les Mœurs de ce siècle, par La Bruyère, avec notes par Asselineau. *Paris*, *Lemerre*, 1872, 2 vol. in-8, br. *Portr. Grand papier de Hollande.*

293. Œuvres d'Estienne Pasquier. *Amsterdam*, 1723, 2 vol. in-fol., v. marbr.

294. Œuvres choisies d'Étienne Pasquier, avec notes par Feugère. *Paris*, 1849, 2 vol. in-12, d.-rel.

295. Lettres de Gui-Patin, publ. par Réveillé-Parise. *Paris*, 1846, 3 vol. in-8, d -rel. v. fau.

296. Œuvres de D'Alembert. *Paris, Belin*, 1821, 5 vol. in-8, d.-rel.

297. Œuvres complètes de Sterne. *Paris*, *Ledoux*, 1818, 4 vol. in-8, cart., n. rog. *Fig. de Misbach et Chasselat.*

298. Œuvre de Xavier de Maistre. *Paris*, 1825, 3 vol. in-18, v. fau., tr. dor. (*Simier*).

299. Œuvres complètes de P.-L. Courier. *Paris*, 1829, 4 vol. in-8, d.-rel. v. fau., n. rog.

300. Œuvres de Henri Heine. *Paris, Lévy*, 1864-68. 14 vol. in-12, br.

301. Philippi Beroaldi varii tractati. *Parisiis*, *apud D. Roce*, 1508, 1 vol. pet. in-4, v.

De felicitate. — Septem sapientium sententiæ. — Declamatio Ebriosi, Scortatoris Aleatoris de viciositate disceptantium. — Declamatio Philosophi medici et oratoris de excellentia disceptantium. — Constantio Bentivolo. Epigrammata.

302. Apologie pour Hérodote, ou Traité de la conformité des merveilles anciennes avec les modernes, par H. Estienne. *La Haye*, 1735, 3 vol. in-12, v.

303. Le fort inexpugnable de l'honneur du sexe Femenin, construit par Françoys de Billon, secrétaire. *Paris, chez Jan d'Allyer*, 1555, in-4, d.-rel. *Fig. sur bois.*

304. L'Éloge de la folie, par Erasme, trad. par Gueudeville. *Amst.*, 1728, in-12, d.-rel. chag. *Fig. de Holbein.*

305. Manuel de l'histoire de la philosophie, par V. Cousin. *Paris*, 1839, 2 vol. in-8, d.-rel.

306. Conscience et Science du devoir, par Oudot. *Paris, Durand*, 1855. 2 vol. in-8, d.-rel. v. fau.

## HISTOIRE

### I. — GÉOGRAPHIE — HISTOIRE GÉNÉRALE

307. Nouvelle Géographie universelle, par E. Reclus. *Paris, Hachette*, 1875-84, 9 vol. gr. in-8, br. *Cartes et fig.*

308. La Terre, description des phénomènes de la vie du globe, par E. Reclus. *Paris, Hachette*, 1877, 2 vol. gr. in-8, br. *Planches.*

309. Le Tour du Monde, nouveau journal des voyages, publié par E. Charton. *Paris, Hachette*, 1860 à 1870, 21 vol. in-4, cart. *Fig.*

310. La Germanie, trad. de Tacite, par Panckoucke. *Paris*, 1824, in-8 et atlas in-4, d.-rel.

311. Voyage en Asie et en Afrique, par Eyriès et Jacobs. — La Russie ancienne et moderne, par Romey et Jacobs. *Paris, Furne*, 1855. 2 vol. in-8, br. *Fig.*

312. Lettres familières écrites d'Italie en 1739, par Ch. de Brosses. *Paris, Poulet-Malassis*, 1858, 2 vol. in-12, d.-rel. mar. bl. n. rog. Papier vergé.

313. Rome, description et souvenirs, par Fr. Wey. *Paris, Hachette*,, 1872, in-4, d.-rel. mar. vert, tête dorée, n. rog. *Fig.*

314. Dictionnaire universel de la France, par R. de Hesseln. *Paris*, 1771. 6 vol. in-12, v.

315. Histoire de Polybe, trad. du grec par V. Thuillier, avec un commentaire militaire, par de Folard. *Amsterdam*, 1774. 7 vol. in-4, d.-rel. *Planches.*

316. Titi Livii historiæ, ex recens. Heinsiana. *Lugd. Batav*, 1634, 3 vol. pet. in-12, v.

317. La Vie privée des anciens, par R. Ménard, *Paris*, *Morel*, 1880, 4 vol. in-8, br. *Fig.*

318. Rome au siècle d'Aguste, par Ch. Dezobry. *Paris*, *Garnier*, 1870, 4 vol. in-8, d.-rel. mar. vert, tête dorée, n. rog. *Fig. et plan.*

319. J.-J. Ampère. L'Empire romain à Rome. — L'Histoire romaine à Rome. *Paris*, *Lévy*, 1868, 6 vol. in-8, d.-rel. v. fauve.

320. Art de vérifier les dates des faits historiques, des chartes, des chroniques et autres anciens monumens, *Paris*, *Jombert*, 1783, 3 vol. in-fol., v. marb.

321. Le Grand Dictionnaire historique, ou le Mélange curieux de l'histoire sacrée et profane, par Moréri. *Paris*, 1759, 10 vol. in-fol., v. marb.

322. Dictionnaire historique et critique de Pierre Bayle. *Paris*, 1820. 16 vol. in-8, d.-rel.

323. Dictionnaire critique de biographie et d'histoire, par Jal. *Paris*, *Plon*, 1867, gr. in-8, d.-rel. chag. vert.

## II. — HISTOIRE DE FRANCE

324. Collection des mémoires relatifs à l'histoire de France, avec des notices sur chaque auteur et des observations sur chaque ouvrage par Petitot. 131 vol.—Œuvres complètes, de Brantôme, 8 vol. *Paris*, *Foucault*, 1820. Ens. 139 vol. in-8, d.-rel. veau fauve, n. rog.

Bel exemplaire.

325. Archives curieuses de l'histoire de France, ou Collection de pièces rares et intéressantes, par Danjou et Cimber. *Paris*, 1837, 27 vol. in-8, br.

326. Collection des meilleurs dissertations, notices et traités particuliers relatifs à l'histoire de France, par Leber. *Paris,* 1838. 20 vol. in-8, d.-rel. chag.

327. La Chronique des roys de France jusques au roy Henry second. *Paris, Galiot Du Pré*, 1549, in-8, v.

328. Arnoldi Ferroni de rebus gestis Gallorum usque ad tempora Henrici II. *Lutetiæ, Vascosanus*, 1555, in-8, parch.

329. Histoire de France depuis Pharamond jusqu'à maintenant, par E. Du Mezeray. *Paris, Guillemot*, 1643, 3 vol. in-fol. v. fau. tr. dor. *Portraits.*

330. Histoire ecclésiastique des Francs, par Grégoire de Tours, traduite avec texte par Guadet et Taranne. *Paris, Renouard*, 1836, 4 vol. in-8, d.-rel. chag.

331. Les Grandes Annales et Histoire générale de France dès la venue des Francs en Gaule, jusques au règne de Henri III, par Fr. de Belle-Forest. *Paris*, 1579, 2 vol. in-fol., parch.

332. Œuvres complètes d'Eginhard, trad. en français par Teulet. *Paris, Renouard*, 1840, 2 vol. in-8, d.-rel. chag.

333. Roberti Gaguini quas de Francorum regum gestis scripsit Annales. *Parisiis, J. Cornillau*, 1521, pet in-8, v.

334. Chroniques de J. Froissart, publiées par Siméon Luce. *Paris, Renouard*, 1869, 4 tomes en 5 parties, in-8, br.

335. La vie au temps des trouvères, par A. Méray. *Paris, Claudin*, 1873, in-8, d.-rel. v. n. rog.

336. Histoire de France jusqu'en 1830, par Th. Burette, *Paris*, 1842, 2 vol. gr. in-8, d.-rel. chag., tête dorée, n. rog. *Fig.*

337. Histoire des Français, par Th. Lavallée. *Paris*, 1844, 4 vol. in-12, d.-rel.

338. Œuvres d'Augustin Thierry. *Paris*, *Furne*, 1851, 5 vol. in-8, d.-rel. mar. rouge, tête dorée, n. rog. *Portr.*

339. Œuvres de Ozanam. *Paris*, 1855, 6 vol. in-8, br.

340. Histoire des guerres d'Italie, par Fr. Guichardin. *Londres*, 1738, 3 vol. in-4, v.

341. La premiere partie du traicte de l'origine, progres et excellence du royaume et monarchie des Françoys, et couronne de France, par Ch. Du Molin. *Lyon*, 1561, pet. in-4, parch.

342. Histoire de l'administration monarchique en France jusqu'à la mort de Louis XIV, par Chéruel. *Paris*, *Dezobry*, 2 vol. in-8, d.-rel. v.

343. Pauli Jovii Historiæ sui temporis. *Lutetiæ*, *Vascosanus*, 1558, 2 tomes en 1 vol. in-fol. v.

344. Les œuvres de J. Sleidan qui concernent les histoires qu'il a escrites. *Genève*, *J. Crespin*, 1566, in-fol. parch.

345. Recueil des roys de France, leurs couronne et maison, par J. Du Tillet. *Paris*, 1618, 1 vol. en 4 part. in-4, v.

346. Les Écorcheurs sous Charles VII, par Tuetey. *Montbéliard*, 1874. 2 vol. in-8, br.

347. Histoire de Bertrand Du Guesclin et de son époque, par S. Luce. *Paris*, 1876, in-8, br.

348. Histoire de Louis XI, par Legeay. *Paris*, *Didot*, 1874, 2 vol. in-8, br.

349. Histoire de Louys XI, roy de France, aultrement dicte, la Chronique scandaleuse (par Jean de Troyes), *s. l.*, 1620, in-8, parch.

350. Lettres du roy Louis XII et du cardinal d'Amboise. *Bruxelles*, 1712. 4 vol. in-12, v.

351. Histoire de France, pendant le seizième et le dix-septième siècle, par Ranke, trad. par Porchat. *Paris*, 1854, 3 vol. in-8, d.-rel. v. bl.

352. Le Seizième Siècle en France, par Darmesteter et Hatzfeld. *Paris*, 1887, in-12, br. — Tableau de la littérature du seizième siècle, 1828, in-8, d.-rel. — Mémoires de Jean de Laval, comte de Chateaubriant, *Genève*, *Gay*, 1868, in-12, br. Ens. 3 vol.

353. Histoire des ducs de Guise, par R. de Bouillé. *Paris*, 1849, 4 vol. in-8, d.-rel. chag.

354. Histoire générale de l'Europe, dep. la naissance de Charles-Quint jusqu'en 1527, par R. Macquereau. *Louvain*, 1765, 2 vol. in-4, d.-rel. v. fau., n. rog.

355. Les Mémoires de Martin Du Bellay, cont. plusieurs choses advenues au royaume de France dep. 1513 jusques au trépas du roy François Ier. *Paris*, 1582, in-fol. cart.

356. Journal d'un bourgeois de Paris sous le règne de François Ier, pub. par L. Lalanne. *Paris*, *Renouard*, 1854, in-8, d.-rel. mar. n. rog.

357. Rœderer. Louis XII et François Ier, 1825, 2 vol. — Conséquences du système de cour établi sous François Ier, 1833. Ens. 3 vol. in-8, d.-rel.

358. Histoire de François Ier, par Varillas. *Paris*, 1685, 2 vol. in-4, v.

359. The Life and Times of Francis the First, king of France. *London*, 1829, 2 vol. in-8, d. rel. *Portr.*

360. Exemplaria literarum quibus et christianissimus Galliarum rex Franciscus, ab adversariorum maledictis defenditur. *Parisiis*, *ex offic. Rob. Stephani*, 1537. — Fr. Cantareni de rebus in Hetruria a Senensibus gestis, a Michaele Bruto. *Lugduni*, 1562. En 1 vol. in-4, parch.

361. Histoire de la captivité de François Ier, par Rey. *Paris*, 1837, in-8, d.-rel. mar.

362. Captivité du roi François Ier, par Champollion Figeac. *Paris*, *Impr. roy.*, 1847, in-4, d. rel. mar. n. rog.

363. Thomæ philologi de liberatione Francisci Francorum regis. *Mutinæ*, per Antonium *Bergollum*, 1525, pet. in-4 de 4 f., cart.

364. Le Vite de li Re di Francia et de li Duca di Milano sino alla presa del Re Francesco primo, e le ragioni quali Sua Maiesta prætendeva in Milano, Napoli e Sicilia, per Victorio Sabino. *Romæ*, 1525, pet. in-4, cart.

365. Les Chasses de François Ier, racontées par Louis de Brézé, par H. de La Ferrière. *Paris*, *Aubry*, 1869, in-8, d.-rel. mar. rouge, tête dorée, n. rog.

366. Les Amours de François Ier, par de Lescure. *Paris*, 1865, in-12, d.-rel mar., n. rog. *Portr.*

367. François Ier chez Mme de Boissy. Notice d'un recueil de crayons, enrichi par le roi François Ier de vers et de devises inédites, par Rouard. *Paris*, *Aubry*, 1863, in-4, d.-rel. mar. rouge, tête dorée, n. rog. *Fig.*

368. Rivalité de François Ier et de Charles-Quint, par Mignet, 1858. — Lettre de François Ier après la bataille de Pavie, 1858. — Intrigues amoureuses de François Ier (extrait). — La captivité de François Ier, par Gachard, 1860. — François Ier à Avignon, par de Berluc-Pérussis, 1869. Ens. 5 vol. ou broch.

369. Le Sacre et Couronnement de ma Dame Leonore Daustriche, royne de France en 1530, par G. Bochetel. *Bruxelles, Van Trigt*, 1863, in-8, cart.

Réimpression fac-similé tirée à 50 exemplaires.

370. Lettres de Catherine de Médicis, publiées par H. de La Ferrière. *Paris*, *Imp. nat.*, 1880, 2 vol. in-4, cart.

371. Marguerite d'Angoulême, son livre de dépenses, par de La Ferrière-Percy. *Paris*, *Aubry*, 1862, in-12, d.-rel. mar. n. rog. *Portr.*

372. Lettres de Marguerite d'Angoulême, reine de Navarre, publiées par Génin. *Paris*, *Renouard*, 1841, 2 vol. in-8, d.-rel. mar. bl., n. rog.

373. Correspondance de l'empereur Maximilien Ier et de Marguerite d'Autriche, de 1507 à 1519, pub. par Le Glay. *Paris*, *Renouard*, 1839, 2 vol. in-8, d.-rel. mar. bl., tête dor., n. rog.

374. Matériaux pour servir à l'histoire de Marguerite d'Autriche, duchesse de Savoie, par le comte E. de Quinsonas. *Paris, Delaroque*, 1860, 3 vol. in-8, d.-rel. mar. bl., n. rog. *Fig.* (*David*).

375. La Diplomatie vénitienne. Les Princes de l'Europe au seizième siècle, par A. Baschet. *Paris*, 1862, in-8, d.-rel. chag.

376. Relations des ambassadeurs vénitiens sur les affaires de France au seizième siècle, trad. par Tommaseo. *Paris, Imp. roy.*, 1838, 2 vol. in-4, cart.

377. Papiers d'État du cardinal de Granvelle, publiés par Ch. Weiss. *Paris, Imp. roy.*, 1841, 9 vol. in-4, cart.

378. Relations politiques de la France et de l'Espagne avec l'Écosse au seizième siècle, par A. Teulet. *Paris. Renouard*, 1862, 5 vol. in-8, d.-rel. mar. bl., tête dorée, n. rog.

379. Négociations diplomatiques entre la France et l'Autriche pendant les trente premières années du seizième siècle, publ. par Le Glay. *Paris, Imp. roy.*, 1845, 2 vol. in-4, d.-rel. mar., n. rog.

380. Négociations diplomatiques de la France avec la Toscane, publ. par A. Desjardins. *Paris, imp. imp.*, 1859, 6 vol. in-4, cart.

381. Négociations de la France dans le Levant, publ. par E. Charrière. *Paris, Imp. nat.*, 1848, 3 vol. in-4, cart.

382. Commentayres et lettres de Blaise de Monluc, maréchal de France, publ. par A. de Ruble. *Paris. Renouard*, 1864, 5 vol. in-8, br.

383. Mémoires de la vie de Fr. de Scepeaux de Vieilleville, maréchal de France, par V. Carloix. *Paris*, 1757, 5 vol. in-12, d.-rel.

384. Les Mémoires de Michel de Castelnau sur les règnes de François II, Charles IX, Henry III et Catherine de Médicis. *Bruxelles*, 1731, 3 vol. in-fol., v. *Portr.*

385. Satyre Ménippée, de la vertu du Catholicon d'Espagne,

et de la tenue des États de Paris. *Ratisbonne*, 1752, 3 vol. in-8, v. *Fig.*

386. The History of the reign of Henry VIII, by Turner. *London*, 1828, 2 vol. in-8, cart.

387. Histoire du seizième siècle. 8 vol. in-8, rel. et br.

Jean de Morvillier, par Baguenault de Puchesse. 1870. — Allain le Grand, sire d'Albret, par Luchaire. 1877. — Lettre sur la vie intérieure de l'empereur Charles-Quint, par G. Man Male. 1843. — P. Gariel, par Germain. 1874. — Trois magistrats du seizième siècle, par Fays de Brys. 1845. — Gérard Roussel, par Schmidt. 1845. — Note sur J. Chaponneau, par Picot. 1879.

388. Discours merveilleux de la vie, actions et déportemens de la Reyne Catherine de Médicis. *Suiv. la copie imprimée à La Haie*, 1663, petit in-12, v., tr. dor.

389. Histoire, ou Commentaires de toutes choses mémorables advenues depuis LXX ans, tant au faict seculier que ecclesiastic, par Laurens Surius et J. Estourneau Xainctongeois. *Paris*, 1573, in-8, cart.

390. Principum et illustrium virorum epistolæ. *Amsterodami, apud L. Elzevirium*, 1644, in-12, front., mar. rouge, tr. dor.

391. Les historiettes de Tallemant De Réaux, publ. par Monmerqué. *Paris, Delloye*, 10 tomes en 5 vol. in-12, portr. d.-rel. chag.

392. Chronique de la régence et du règne de Louis XV, ou Journal de Barbier. *Paris*, *Charpentier*, 1866, 8 vol. in-12, br.

393. Histoire de la Révolution française, par Mignet. *Paris*, *Didot*, 1855, 2 vol. in-12, d.-rel. v. fau., n. rog.

394. Marie-Antoinette. Correspondance secrète entre Marie-Thérèse et le comte de Mercy-Argenteau, publ. par D'Arneth et Geffroy. *Paris, Didot*, 1875, 3 vol. in-8, br.

## III. — BIOGRAPHIE

395. Pauli Jovii Vitæ illustrium virorum. *Basilæ*, 1578, in-fol. parch. *Portraits gravés sur bois.*

396. Marguerite d'Angoulême, reine de Navarre, et la Renaissance, par V. Luro. *Paris*, 1866, in-12, d.-rel. mar. n. rog.

397. Essai sur la vie et les ouvrages de Marguerite d'Angoulême, reine de Navarre, par Le Roux de Lincy. *Paris*, 1853, in-8, gr. papier, d.-rel. mar. vert, tête dorée, n. rog. (*David*).

398. Vies d'Octovien de Sainct Gelais, Marguerite d'Angoulême et Jean de La Peruse, par G. Colletet. *Paris*, *Aubry*, 1862, in-8, cart.

399. Histoire du connestable de Lesdiguières, par L. Videl. *Grenoble*, *Nicolas*, 1649, pet. in-8, v. fau., tr. dor.

400. Etude sur le seizième siècle. Pontus de Tyard, par Abel Jeandet. *Paris*, *Aubry*, 1860, in-8. d.-rel. mar., n. rog. *Portr*. (*David*).

401. Hubert Longuet. Etude sur le seizième siècle, par H. Chevreul. *Paris*, 1856, in-8, br.

402. Abrégé de la vie du célèbre Pierre Danes, ambassadeur du roi François Ier au Concile de Trente. *Paris*, 1731, in-4, v. *Portraits*.

403. Procès d'Estienne Dolet. *Paris*, *Techener*, 1836, in-12, cart. — Vie d'Etienne Dolet (par Née de La Rochelle). *Paris*, 1779, in-8, d.-rel. Ens. 2 vol.

404. Estienne Dolet, sa vie et ses œuvres, par J. Boulmier. *Paris*, *Aubry*, 1857, in-12, d.-rel. v. fau., n. rog. *Portr*.

405. Etienne Dolet, sa vie et sa mort, par R. Copley Christie. *Paris*, *Fisbacher*, 1886, in-8, br.

406. Geoffroy Tory, premier imprimeur royal, par A. Bernard, *Paris*, 1857, in-8, d.-rel. v. fau.

407. Geoffroy Tory, premier imprimeur royal, par A. Bernard, *Paris*, *Tross*, 1865, in-8, br.

408. Robert Estienne, imprimeur royal, par Crapelet, 1839. — Les Estienne et les Types grecs de François Ier, par Ber-

nard, 1856. — Les Estienne, par Didot. — Essai sur la typographie, par A.-F. Didot, 1852. Ens. 2 vol. in-8 d.-rel. mar. et 1 vol. br.

409. Généalogie de la maison Du Prat, par le marquis Du Prat. *Versailles*, 1857. — Vie d'Antoine Du Prat. *Paris*, 1857. En 1 vol. in-8, d.-rel. mar. vert.

410. Les Eloges et les Vies des reynes, des princesses et des dames illustres qui ont fleuri de notre temps, par Hilarion de Coste. *Paris*, 1647, 2 vol. in-4, v.

411. Histoire catholique où sont décrites les vies, faicts et actions des hommes et dames illustres des seizième et dix-septième siècles, par le P. Hilarion de Coste. *Paris*, 1625, in-fol. v.

412. The Life of cardinal Wolsey, by R. Fiddes. *London*, 1726, in-fol., v. *Portr.*

413. Oraison funèbre du grand Condé, par J.-B. Bossuet. *Paris*, *Morgand*, 1879, gr. in-4, br. *Fig. avant la lettre.*
Papier du Japon.

414. Les Annales d'Aquitaine, par J. Bouchet. *Poictiers*, 1644, pet. in-folio, v.

## IV. — HISTOIRE DE PARIS ET DES PROVINCES DE FRANCE

415. Les Coutumes du Beauvoisis, par Philippe de Beaumanoir, jurisconsulte du treizième siècle, pub. par le comte Beugnot. *Paris*, *Renouard*, 1842, 2 vol. in-8, d.-rel. mar. bl., tête dorée, n. rog.

416. Relation du siège de la ville de Péronne en 1536, par P. Fenier. 1682, *Paris*, *Techener*, 1862, in-12, cart.

417. Histoire des anciennes corporations d'arts et métiers et des confréries religieuses de Rouen, par Ouin-Lacroix, *Rouen*, 1850, in-8, d.-rel. mar Lavall., tête dorée, n. rog. Fig. (*David.*)

418. Normandie. 5 vol. in-4 et in-8 rel.

L'Etablissement de la fête de la Conception Notre-Dame, par Wace, trouvère du douzième siècle 1842. — Approbation par le pape Léon X des statuts et privilèges de l'Académie des Palinods de Rouen. 1864. — Notice sur l'Académie des Palinods, par Ballin. 1834. — Notice sur J. Le Lieur, par de Jolimont. 1847. — La Vierge et les Palinods du moyen âge, par Hurel.

419. Blois et ses environs, par de La Saussaye. *Blois*, 1862, in-12, d.-rel. mar. bl., n. rog. *Fig.*

420. Le Château de Chambord, par de La Saussaye. *Lyon, Perrin*, 1859, in-12, d.-rel. mar. bl., n. rog. *Fig.*

421. Histoire et description du château d'Anet depuis le dixième siècle, par Roussel. *Paris, Jouaust*, 1875, pet. in-fol., br. *Planches.*

422. Archives royales de Chenonceau, documents publiés par l'abbé Chevalier. *Paris, Techener*, 1862-66, 5 vol. in-8, d.-rel. v.

423. Mémoires historiques sur la ville d'Alençon, par Odolant Desnos. *Alençon*, 1787, 2 vol. in-8, d.-rel. n. rog. *Pl.*

424. Histoire des ducs de Bourbon et des comtes de Forez, par J.-M. de La Mure, publiée pour la première fois d'après un manuscrit de 1675. *Paris, Potier*, 1860, 3 vol. in-4, d.-rel. mar. rouge. tête dorée, n. rog.

425. Mémoires de l'histoire de Lyon, par G. Paradin. *Lyon, Gryphius*, 1573. In-fol., parchem.

426. Histoire littéraire de la ville de Lyon, par le P. de Colonia. *Lyon*, 1728, 2 vol. in-4, v. marb.

427. Biographie lyonnaise, par Breghot du Lut et Péricaud. *Paris, Techener*, 1839, in-8, d.-rel. v. fau.

428. Histoire de la réunion du Dauphiné à la France par J. Guiffrey. *Paris, Jouaust*, 1868, in-8, br.

429. Poésie en patois du Dauphiné. Grenoble Malhérou, par Blanc, dit La Goutte. *Grenoble*, 1864, in-4, d.-rel. mar. rouge, n. rog. *Illustrations de Rahoult et Dardelet.*

430. Chronique bordeloise, par Jehan de Gaufreteau. *Bordeaux*, 1877, 2 vol. in-8, pap. vergé, br.

431. Entrées solennelles dans la ville d'Angoulême, depuis François Ier jusqu'à Louis XIV, publiées par Castaigne. *Angoulême*, 1856, in-8, br.

432. Entrées de François Ier à Langres. 1873. — Entrée de François Ier dans la ville de Béziers. 1866. — Entrée de Charles Quint à Orléans. 1846. — La description et ordre du camp et festiement des roys de France et d'Angleterre (1520). 1864. -- Le défi porté à Charles-Quint par les hérauts d'armes de France et d'Angleterre en 1528. 1875. Ens. 5 broch in-8 et in-12.

433. Provinces de France. 8 vol. ou broch. in-8.

Etude sur le Quercy, par Dufour. 1864. — Journal de J. Glaumeau de Bourges. 1868. — Les Noëls bourguignons, par Fertiault. — Un Ménage littéraire en Berry au seizième siècle, par Boyer. 1859. — Description de la ville de Lyon au seizième siècle, par Du Pinet. 1844. — La Vigne à Chenonceau au seizième siècle, par Chevalier. 1860. — Discours sur la chatellenie et le château de Chenonceau, 1858. — La pitoyable sortie de la cruelle beste nommée Loup cervier de la forest d'Orléans. *Réimp.*

434. Mémoires pour servir à l'histoire de la Fête des Foux, par du Tilliot. *Lausanne*, 1740, in-4, v. marb. *Planches.*

435. Mémoires de la Société de l'histoire de Paris et de l'Ile-de-France, 1875-84. 10 vol. — Bulletin, 1874-1883, en livr. — Paris pendant la domination anglaise. — Les Comédiens du Roy de la troupe française. — Journal d'un Bourgeois de Paris, 1405. — Journal des guerres civiles de Dubuisson-Aubenay, t. Ier. — Iconographie de saint Louis. Ens. 15 vol. et livr.

436. Les Antiquitez, Histoires et Singularitez de Paris, par Gilles Corrozet. *Paris*, *Gilles Corrozet*, 1550, pet. in-8, v.

437. Les Antiquitez, Chroniques et Singularitez de Paris, par Gilles Corrozet. *Paris*, *Bonfons*, 1586, 2 part. en 1 vol. pet. in 8, v. *Fig. sur bois*. (*Rogné.*)

438. Histoire de la ville et de tout le diocèse de Paris, par l'abbé Lebeuf, publ. par Cocheris. *Paris*, 1863, 2 vol. in-8, d.-rel.

439. Histoire et Recherches des antiquités de la ville de Paris, par Sauval. *Paris*, 1724, 3 vol. in-fol., v. marb.

Exemplaire contenant la partie qui manque souvent, intitulée : *Amours des rois de France.*

440. Histoire de la ville de Paris composée par dom Félibien, augmentée par dom Lobineau. *Paris*, 1725, 5 vol. in-fol., v. marb. *Plans.*

441. Description historique de la ville de Paris et de ses environs, par Piganiol de la Force. *Paris*, 1765, 10 vol. in-12, v. marb. *Planches.*

442. Reglemens sur les arts et métiers de Paris, rédigés au treizième siècle, ou Livre des métiers d'Estienne Boileau, publiés par Depping. *Paris*, 1837, in-4, d.-rel. v.

443. Description de la ville de Paris au quinzième siècle, par Guillebert de Metz, publiée par Le Roux de Lincy. *Paris, Aubry*, 1855, pet. in-8, d.-rel.

444. Paris. 5 vol. in-8 et in-12, rel. et br.

Les ordonnances faictes pour éviter le dangier de peste. 1531. *Paris*. 1873. L'Incendie du Palais de Paris en 1618, par Bonnardot. 1879. — La Sainte-Chapelle de Paris, par Troche. 1853. — Recherches archéologiques sur le Palais de Justice, par Boutaric. 1862. — Les Tombes royales de Saint-Denis, par J. Guiffrey.

445. Plan de Paris au seizième siècle par Truchet, découvert à Bâle par J. Cousin. *Paris*, 1875, broch. in-8 et plan collé sur toile dans un étui in-8.

446. Etude historique et topographique sur le Plan de Paris de 1540, dit Plan de tapisserie, par A. Franklin. *Paris, Aubry*, 1869, pet. in-8, d.-rel. mar. vert, coins, n. rog.

447. Rodolphi Boterei Lutetia. Adjuncta est descriptio Lutetiæ, authore Eustathio a Knobelsdorf, anno 1543. *Lut. Paris., Thierry*, 1611, in-8, v.

448. Petri Castellani vita, auct. P. Gallandio, cum notis Steph. Baluzii. *Parisiis*, 1674, in-8, parch.

Ce volume contient : Le trespas, obsèques et enterrement de François, roy de France, premier de ce nom. Les deux sermons funebres prononcez à Nostre-Dame de Paris et à Sainct-Denys, par P. Du Chastel.

449. Mémoires de Pierre de Miraulmont sur l'origine et institution des Cours souveraines encloses dans l'ancien Palais royal de Paris. *Paris*, 1584, in-8, d.-rel.

450. Les Presidens au mortier du Parlement de Paris, leurs emplois, charges, armes, blasons et généalogies depuis 1331, par Fr. Blanchard. *Paris*, 1647, in-fol., v. *Blasons*.

451. Le Châtelet de Paris, par Desmaze. *Paris*, s. d., in-8, d.-rel. chag.

452. Étienne Marcel, prévôt des marchands, par Perrens *Paris*, *Impr. Nat.*, 1874, in-4, cart., n. rog.

453. Registres des délibérations du bureau de la ville de Paris, publiés par le Service des travaux historiques. *Paris*, *Impr. Nat.*, 1886, 3 vol. in-4, cart., n. rog.

454. Les Métiers et Corporations de la ville de Paris, par R. de Lespinasse et Bonnardot. *Paris*, *Impr. Nat.*, 1886, 2 vol. in-4, cart., n. rog.

455. Histoire des cordonniers, par P. Lacroix. *Paris*, 1852, gr. in-8, d.-rel. mar. bl. *Fig*.

456. Histoire des hôtelleries, cabarets, restaurants et cafés, par Fr. Michel et E. Fournier. *Paris*, 1851, 2 vol. gr. in-8, d.-rel. mar. bl. *Fig*.

457. Paris démoli, par Ed. Fournier, avec préface par Th. Gautier. *Paris*, *Aubry*, 1855, in-12, br.

458. Le Gibet de Montfaucon, par F. Maillard. *Paris*, *Aubry*, 1863, in-12, d.-rel. mar. rou., n. rog. *Fig*.

459. Les Promenades de Paris, par Alphand. *Paris*, *Rothschild*, 1870, 2 vol. in-fol. en livraisons. *Planches*.

460. Personnages célèbres dans les rues de Paris, par Gouriet. *Paris*, 1811, 2 vol. in-8, d.-rel. mar. rouge, tête dorée, n. rog.

461. Paris inconnu et Paris anecdote, par Privat d'Anglemont. *Paris*, 1860, 2 vol. in-18, d.-rel. mar., n. rog.

462. Le Ménagier de Paris, traité de morale et d'économie domestique composé vers 1393 par un bourgeois parisien, publié par la Société des bibliophiles françois. *Paris*, *Crapelet*, 1846, 2 vol. in-8, d.-rel. mar., n. rog.

463. Paris, ses organes, ses fonctions et sa vie, par Max. Du Camp. *Paris*, *Hachette*, 1870, 6 vol. in-8 br.

## V. — NOBLESSE

464. Mémoires sur l'ancienne chevalerie, par de La Curne de Sainte-Palaye. *Paris*, 1759, 3 vol. in-12, v,

465. Le Vrai Théâtre d'honneur et de chevalerie, ou le Miroir héroïque de la noblesse, par Wulson de La Colombière. *Paris*, 1648, 2 vol. in-fol., v. *Planches*,

466. Histoire généalogique et chronologique de la maison royale de France, des pairs, grands officiers de la couronne et des anciensbarons du royaume, par le P, Anselme. *Paris*, 1726-1733, 9 vol. in-fol. marb. armorié.

467. Traictez des premiers officiers de la couronne de France, par A, Favyn. *Paris*, 1613, petit in-8, v·

468. Œuvres de Ch. Loyseau. Des offices, des seigneuries, des ordres et simples dignités. *Lyon*, 1701, in-fol. v.

469. Le Ceremonial françois contenant les ceremonies observées en France aux sacres, couronnements et entrées de roys, reynes, etc. par Th. Godefroy. *Paris*, 1639, 2 vol. in-fol., bas.

## VI. — HISTOIRE LITTÉRAIRE — BIBLIOGRAPHIE

470. Bibliothèque française, ou Histoire de la littérature françoise. par l'abbé Goujet. *Paris*, 1741, 18 vol. in-12, v.

471. Mémoires pour servir à l'histoire des hommes illustres dans la république des lettres par le P, Nicéron *Paris*. 1729. 43 vol. in-12. bas.

472. Essais d'histoire littéraire par Geruzez. *Paris*, 1853, 2 vol. in-12, d.-rel. v., fau.

473. Histoire de la littérature de l'Europe pend. les quinzième, seizième et dix-septième siècles. par Hallam. *Paris*, 1839, 4 vol in-8, d.-rel. v. fau.

474. Cours de littérature française, par Villemain. *Paris*, 1841, 6 vol. in-8, d.-rel.

475. Causeries du lundi, par Sainte-Beuve. *Paris*, *Garnier*, 15 vol. in-12, br.

476. Le trésor littéraire de la France. Les prosateurs. *Paris*, *Hachette*, 1866, gr. in-8, br.

477. Hommes et Dieux par P. de Saint-Victor. *Paris*, 1867, in-8, d.-rel. mar. rouge, n. rog.

478. Histoire des livres populaires, par Ch. Nisard. *Paris*, *Dentu*, 1864, 2 vol. in-12, d.-rel. *Fig*.

479. Bibliographie. 6 vol. ou broch. in-8 et in-12.

Code de la Librairie et Imprimerie de Paris. 1744. — Etat de la presse depuis François Ier, par Leber. 1834. — Les auteurs du seizième siècle qu'il convient de réimprimer, par Nodier. 1835. — La police des livres au seizième siècle, par Fréville. 1853. — Notice sur un manuscrit du seizième siècle, par Chavannes. 1844. — Débuts de l'imprimerie à Strasbourg, par L. de Laborde. 1840.

480. Les Bibliothèques françoises de La Croix Du Maine et Du Verdier, revues et corrigées par Rigoley de Juvigny. *Paris*, 1792, 6 vol. in-4, d.-rel.

481. Manuel du libraire et de l'amateur de livres par J.-C. Brunet. *Paris*, *F. Didot*, 1860, 6 vol. — Supplément par P. Deschamps et G. Brunet, 1878. 2 vol. Ens. 8 vol. gr. in-8, d.-rel. mar. vert, coins, tête dorée, n. rog. (*David*).

482. Bibliothèque historiqne de la France conten. le catalogue des ouvrages imprimés et manuscrits qui traitent de l'histoire de ce royaume, par J. Lelong. *Paris*, 1768, 5 vol. in-fol., v. marb.

483. Renouard. Annales de l'imprimerie des Alde, 1834. — Annales de l'imprimerie des Estienne. 1843. Ens. 2 vol. in-8, br.

484. Bibliothèque héraldique de la France, par J. Guigard. *Paris*, *Dentu*, 1861, in-8, d.-rel. mar. bl. n. rog.

485. Jean Gutenberg, premier maître imprimeur, par Dingel-

steldt, trad. par G. Revilliod. *Genève, Fick*, 1858, in-4. cart. *Fig.*

486. Catalogue de la bibliothèque de l'abbaye de Saint-Victor au seizième siècle, par Rabelais, commenté par le Bibliophile Jacob. *Paris*, 1862, in-8, d.-rel. chag. vert.

486 *bis*. Catalogue de la bibliothèque d'un amateur, A. A. Renouard). *Paris*, 1819, 4 vol. in-8, br.

487. Les Archives de la France, par H. Bordier. *Paris*, 1855, in-8, d.-rel. chag.

488. Archives des missions scientifiques et littéraires. *Paris*, 1850-56. 4 vol. in-8, d.-rel. chag.

Imprimerie D. Dumoulin et Cie, à Paris

www.ingramcontent.com/pod-product-compliance
Ingram Content Group UK Ltd.
Pitfield, Milton Keynes, MK11 3LW, UK
UKHW032005260826
14628UKWH00005B/2293

9 782329 535548